AF560941

L46 b
89

LE ROYALISME COMME IL DOIT ÊTRE,

OU

LE MARTYRE ET LE TRIOMPHE

DES S^{T}-GILLOIS.

LE ROYALISME COMME IL DOIT ÊTRE,

OU

LE MARTYRE ET LE TRIOMPHE DES St-GILLOIS.

PAR JEAN-JOSEPH-MAMERTIN LAFONT DE MONTFERRIER, Directeur du Pensionnat et Officier de la Garde nationale de St-Gilles, (*Gard.*)

DÉDIÉ

A Mr le Marquis D'ARBAUD-JOUQUES, chevalier de l'Ordre royal et militaire de St-Louis, de l'Ordre de St-Jean-de-Jérusalem et de la Légion-d'honneur, Préfet du départ.t du Gard.

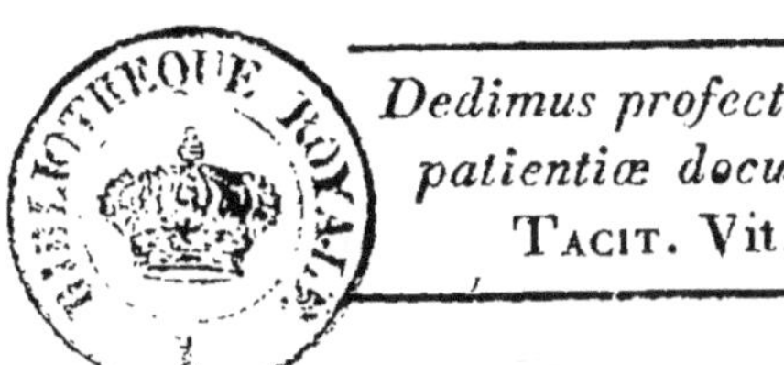

> *Dedimus profectò grande patientiæ documentum.*
> TACIT. Vit. Agric.

À NISMES,
Chez GAUDE FILS, Imprimeur-Libraire, Grand'rue. — 1816.

A MONSIEUR

Le Marquis D'ARBAUD-JOUQUES, Chevalier de l'Ordre royal et militaire de St-Louis, de l'Ordre de St-Jean-de-Jérusalem et de la Légion-d'honneur, Préfet du département du Gard.

MONSIEUR,

Si ma plume l'eût osé, elle eût essayé de rendre hommage à ce royalisme vif sans emportement, ardent sans passion, religieux sans fanatisme, qui fait tout le fonds de votre caractère, et que vous savez si bien inspirer à un département dont vous êtes le sauveur et le régénérateur.

J'aurais peint cette vigilance toujours active, cette sagesse dont les yeux sont toujours ouverts pour le bonheur de vos administrés. J'aurais montré les serpents ensanglantés de la discorde, expirant à votre voix, et trois cent mille Français éclairés et touchés par vos leçons sublimes, cessant de mêler la cause sacrée des religions à la haine d'un tyran qui n'en eut aucune et qui les méprisa toutes, et s'embrassant aux cris de vive Dieu! vive le Roi! J'aurais dit, sur-tout, comment tout récemment avocat et médiateur d'un peuple calomnié, vous vous êtes placé entre ce peuple et la colère d'un Roi toujours adoré même lorsqu'il punit, et avez éteint, *dans ses augustes mains, les foudres d'une justice que les méchants avaient trompée.*

Mais il est des choses qui, de leur nature, perdraient à être louées, et qu'on doit laisser telles qu'elles sont, crainte de les défigurer. La vraie vertu, comme la vraie beauté, n'a pas besoin d'ornements ; c'est la profaner que de chercher à l'embellir, et rien d'étranger ne doit se mêler au parfum exquis qu'elle exhale.

La louange, MONSIEUR, *n'est point nécessaire à qui vous ressemble...... Votre* Administration, *qui est un de ces miracles qu'il faut avoir vus pour y croire, est, si l'on peut s'exprimer ainsi, le panégyrique vivant de votre sagesse.*

Je me tais donc et je vous dédie cet Ouvrage; voilà le seul éloge que vous recevrez d'un homme qui ne sait pas louer.

J'ai l'honneur d'être avec le plus profond respect,

MONSIEUR,

Votre très-humble et très-obéissant serviteur,

MAMERTIN LAFONT-DE-MONTFERRIER.

PRÉFACE.

Je parle dans cet ouvrage du Royalisme pur et inaltérable de St-Gilles, du Gard, et des maux que cette ville a éprouvés, notamment sous le dernier règne du Corse. On y voit comment elle a été, pendant quatre mois, la malheureuse proie 1.° de quelques-uns des ses habitants, enfants dénaturés qui ont déchiré le sein de leur propre mère, et qui se sont dégradés par leur conduite, du titre de citoyens St-Gillois.

2.° De la *garde urbaine* de Nismes, aidée de quelques soldats de ligne, vendus comme elle à Buonaparte et à l'infamie.

Les méchants que je vais manifester sont toujours là ; nous les voyons par-tout ; nous les rencontrons par-tout.

La tâche que j'entreprends veut donc du courage. Le royaliste n'en manque jamais. J'en ai eu, j'en ai, j'en aurai.

Je suis pénétré de la dignité d'un écrivain, et je sens ses devoirs.

L'homme de lettres est l'ame du corps social ; rien n'est plus puissant que l'influence qu'il exerce sur l'esprit public. Ce sont ses livres qui créent, qui nourrissent et qui tuent *l'opinion* chez le peuple, espèce de machine toujours mue par des ressorts étrangers, et entraînée indifféremment au bien ou au mal selon la probité ou la scélératesse de celui qui la dirige.

L'écrivain est donc responsable,

disons mieux, il est complice des mœurs de son siècle, et sa fonction l'associe spécialement à la gloire comme à l'ignominie de ses contemporains.

Que doit donc faire un tel homme?

S'élevant au-dessus des événements, fier d'une indépendance qui ne sait se soumettre qu'aux lois éternelles de la vertu et de la justice, l'homme de lettres, digne de ce nom, ne sert que son *Dieu*, son *Roi* et sa *Patrie*; servitude noble et belle, hors de laquelle il n'y a point d'honneur, hors de laquelle il n'y a pas même de liberté.

Dans tous les temps et quelles que soient les tempêtes politiques qui tourmentent le vaisseau de l'état, il ose dire la vérité aux hommes, ramener son siècle dans le droit chemin quand il s'en est écarté, faire la guerre au crime, le poursuivre et le forcer jusques dans ses derniers retranchements. Sa voix terrasse les méchants et console les bons.

Les menaces, les dangers, de quelque genre qu'ils soient, ne l'épouvantent point ; il regarde d'un œil intrépide les poignards de la trahison que la vengeance aiguise en secret contre son cœur, et la hache homicide que le génie destructeur des révolutions tient suspendue au-dessus de sa tête.

Que la plupart des écrivains de nos jours sont étrangers à ce dévouement !.... La postérité dira si leurs écrits ne sont pas la partie honteuse de la littérature française.

Nous les avons vus, pendant vingt-cinq ans, esclaves rampants sous la monstrueuse bannière d'une chimérique indépendance ; infames adulateurs du crime *souverain*, prodiguer tour-à-tour un vil encens aux assassins de LOUIS XVI, et à cet homme qui, le front ceint d'un diadème couvert de sang, s'est assis insolemment pendant quinze ans, pour le malheur du monde, sur le trône d'un Roi dont il ne fut jamais digne d'être l'esclave.

Les misérables !.... tout ce qu'ils ont touché, ils l'ont flétri. Leur funeste philosophisme a dénaturé les principes les plus sacrés. Sous leur plume, l'erreur s'est nommée vérité; la scélératesse, vertu; l'usurpation, légitimité ; la trahison, fidélité !.... La religion et la morale n'ont été pour eux que des systèmes !...... *L'athéïsme* a été déifié ; le régicide même a reçu dans leurs écrits une horrible apothéose.

Vengeons la littérature outragée; et rappellons-là à sa véritable dignité.

Qu'ils se taisent ces hommes dont le cœur et la bouche se sont pollués de tant d'abomination ; et que la plume qui a impudemment loué Robespierre et Buonaparte, ne vienne pas infecter de ses poisons, le beau règne de LOUIS XVIII.

Hommes de lettres, servons le Roi; servons-le quoiqu'il nous en coûte, que notre voix accuse hautement ses ennemis ; prenons en main le flambeau de la vérité si terrible pour les coupables, et poursuivons les régicides jusques dans leur dernier asile; arrachons-les de ces repaires ténébreux où ils ont été chercher vainement un abri contre la justice. En un mot, démasquons-les.

Ainsi nous ne serons pas inutiles à la patrie, ainsi nous aurons droit à la reconnaissance de notre siècle et peut-être de la postérité.

Plein de ces sentiments j'ai publié ce livre.

Mais, me dira-t-on peut-être : importe-t-il beaucoup à LOUIS XVIII de connaître les amis ou les ennemis qu'il peut avoir dans un coin de son royaume ?

Ses amis !..... le Roi va les chercher jusques sous le chaume, et sa *Providence* couvre de son amour le dernier comme le premier de ses sujets.

Ses ennemis !.... Nous n'avons que trop appris et nous n'apprenons que trop encore combien ils sont féconds en expédients et en stratagêmes ; ne s'agitent-ils pas sans cesse au sein des ténèbres ? n'entretiennent-ils pas des relations et des correspondances secrètes sur tous les points du royaume ? Ne nous le dissimulons point, ils forment au milieu de nous une chaîne d'autant plus dangereuse qu'elle est cachée.

Ne parviendrai-je qu'à en déranger un seul anneau, mon travail ne serait pas perdu.

Les royalistes et les *Buonapartistes* sont les mêmes dans tous les lieux, à quelque chose près ; en faire connaître un, c'est les faire connaître tous. Les hommes sont *essentiellement* semblables ; et un auteur qui pensait profondément a dit : *humanos mores nosse volenti, sufficit una domus.*

Il serait à désirer que non-seulement chaque ville, mais que chaque village, chaque hameau de France produisît un homme assez courageux, assez dévoué à la bonne cause, pour prendre la plume et désigner au Monarque et à la Nation tous les bons et tous les mauvais citoyens.

De cette foule de rayons réunis, naîtrait un faisceau si éclatant de lumière, qu'on verrait à découvert, et sans nuages, qui l'on doit *recompenser* et qui l'on doit *punir.*

Alors le crime ne trouverait plus d'ombre pour nous dérober ses *manœuvres*; ainsi ses projets deviendraient impuissants; ainsi l'infame *chaîne* serait rompue. Ainsi les Buonapartistes ne pourraient plus concevoir l'espérance coupable de trahir la magnanime bonté du souverain. Ainsi l'œil sévère de la justice ne cesserait pas d'être fixé sur leur conduite; ainsi la France ne trouvant plus d'obstacles, remonterait insensiblement à la hauteur des destinées dont elle est déchue.

Le fruit qu'on retirerait de cette entreprise serait donc bien beau, et digne d'être acheté au prix même de la vie.

Ouvrons donc la lice. — Disons la vérité, toute entière; fallût-il même, en récompense de l'avoir dite; être assassiné par ceux contre qui nous la dirons (*a*). Rappelons-nous que la littérature a aussi ses *Décius*, et que le premier devoir de l'écrivain est de se dévouer pour son Roi.

(*a*) L'assassinat de M. Perrin, professeur au collége d'Alais, m'avertit et ne m'effraye pas....

L

INTRODUCTION.

Occupé de la culture du champ ou de la vigne qu'il tient de ses ancêtres, le St-Gillois n'a ni le temps, ni le goût de polir et de cultiver son esprit et ses moeurs par le commerce des lettres ou de la société. Sans cesse en tête à tête avec la nature, c'est elle seule qu'il est jaloux de connaître; c'est sur son modèle seul qu'il se plaît à se former.

Il contracte, au sein de ses travaux champêtres, je ne sais quel caractère de rudesse et de rusticité qui d'abord rebute et indispose; mais quel beau diamant est caché sous cette écorce dure et grossière !

Sans doute le St-Gillois est franchement ignorant; nous convenons qu'il ne se mêle point de philosopher; qu'il ne s'est jamais mis à la torture pour chercher à comprendre les extravagants systèmes de l'*oracle de Ferney* et de ses apôtres ; qu'il n'a jamais lu, par exemple, le galimathias boursouflé d'un *Diderot.* — Mais en revanche, tout est vrai et sincère dans ses mœurs ; il ne sait pas dissimuler ; il ne connaît pas l'art d'enfoncer le poignard dans le cœur, en embrassant. Il ne déguise point la haine ; il ne contrefait point l'amitié.

Il a peu d'idées, mais toutes celles qu'il a sont justes...... Il va tout bonnement le droit chemin sans regarder ni à *côté* ni en *arrière*...... Il *croit en Dieu* sans raisonner ; il croit à l'humanité..... Il ne manque jamais à sa parole.

Parmi ces vertus dignes des premiers âges du monde, le *royalisme* naît tout naturellement. Le St-Gillois apprend de la nature et de l'innocence des champs, à aimer le *Roi*, que les anciens appelèrent *pasteur des hommes*,

Il l'aime par instinct, si l'on peut s'exprimer ainsi. Cet amour est inné dans lui comme l'amour de Dieu; l'un et l'autre font essentiellement partie de son être. Il ne les sépare point; ils s'engendrent et s'entretiennent dans son cœur, mutuellement. Le royalisme le rend chrétien, comme le christianisme le rend royaliste.

Serait-il donc vrai que le royalisme est un de ces sentiments naturels que les hommes ne perdent qu'en se dépravant, et qu'en buvant dans la coupe empestée du *philosophisme*, l'oubli des mœurs simples et pures ?

Ce sentiment est empreint dans l'âme ardente du St-Gillois, comme le feu sur le fer qu'il pénètre et rougit entièrement. *Vive le Roi* est ici le cri de tous les âges. L'enfant le begaie sur le sein de sa mère; plus grand, c'est le refrein continuel de ses chansons ; et le dernier cri qu'il pousse avant de rendre sa dépouille mortelle à la terre, est encore le cri de *vive le Roi.*

Ce beau sentiment est toute l'ame de sa vie ; il ne le quitte qu'en la quittant.... Je me trompe: alors même il ne le quitte pas ; mais il le laisse à ses enfants, en mourant, comme leur plus précieux héritage ; c'est ainsi que le *feu sacré* de l'*amour du Roi*, s'est conservé et se conserve à perpétuité dans nos familles, sans qu'aucun orage ait jamais pu ni puisse jamais l'éteindre.

Telles sont, en somme, les mœurs de notre peuple. St-Gilles compte ensuite parmi ses habitants, quelques hommes distingués qui peuvent sans rougir nommer leurs aïeux. La société les appelle à remplir d'autres devoirs que ceux de l'agriculture. La littérature ne leur est point étrangère, et ils sont assez instruits pour être des *philosophes*, si cela leur plaisait. Cette portion choisie d'individus, donne le ton et la forme à tous les autres concitoyens, achève et soutient en eux l'ouvrage de la nature.

Le premier de ces hommes est M. Jules baron de Calvière que ces derniers temps ont assez rendu illustre dans notre département, pour n'avoir pas besoin de la louange d'un médiocre écrivain. Je demande à ceux qui le connaissent, si une ville dans laquelle il a pris naissance, qu'il a si long-temps éclairée de sa sagesse et qui s'est vue si long-temps l'objet particulier de sa sollicitude et de son amour, peut jamais se déshonorer, et cesser d'être elle-même.

Je nommerai, après lui, MM. Dugas, aujourd'hui maire de St-Gilles, de Beaulieu, commandant de notre garde nationale, Roquelain, juge de paix, Hector Mazer, homme de lettres et savant distingué, dont le moindre mérite est d'être membre de l'académie des sciences et belles-lettres du Gard.

C'est sur eux principalement que le peuple a les yeux fixés, et leur exemple quel qu'il fût l'entraînerait toujours.

Ce sont les quatre colonnes qui ont soutenu dans les temps les plus orageux, l'édifice de nos mœurs royales; colonnes éprouvées et consacrées par le malheur, battues long-temps par les vagues tumultueuses des tempêtes révolutionnaires dont la rage impuissante est toujours venue expirer à leurs pieds (1).

J'ai déjà observé qu'il faut exclure du rang des St-Gillois, quelques êtres méprisables indignes d'être avoués par leur terre natale, indignes d'avoir une patrie

(1) MM. *Baron*, *Meirieu*, médecin, *Mazer*, *Duvernet*, *Michel*, ancien Conseiller, *Aguier*, *Couder*, *Coustan* et *Pelantier*, *adjoints*, etc., etc., paraissent aussi avec distinction dans la grande classe des royalistes St-Gillois. Il en est d'autres qui méritent encore une mention particulière, et nous nous réservons de leur rendre en temps et lieu, dans le cours de cet ouvrage, l'hommage qui leur est dû.

patrie, branche corrompue, branche pourrie qui s'est détachée du tronc.

Malgré tout le désir que nous en aurions, il ne nous est point permis de les laisser dans l'oubli, parce que s'ils sont étrangers à notre honneur, nous ne savons que trop qu'ils ne sont pas étrangers à l'histoire de nos malheurs passés.

On les a bientôt comptés : un ramas de ce qu'on peut imaginer de plus vil, de plus impur et de plus dégoûtant; l'égout de notre ville en un mot; voilà où il faut aller chercher les ennemis du Roi. — Ce sont quinze ou vingt hommes au plus, qui avant la mort de *Louis Seize* étaient enterrés dans la boue; des mendiants qui se sont enrichis, on ne sait comment ; des valets devenus maîtres; des *hommes* enfin *de la révolution*, comme ils se nommaient eux-mêmes pendant le règne des trois mois.

On voit par ce portrait, que les

buonapartistes de St-Gilles, valent bien ceux de tout pays.

Au reste, ces sortes de personnages sont, ici comme ailleurs, faciles à reconnaître, car ils sont tous marqués du même cachet.

Voyez-vous cet homme qui s'avance avec un visage triste, et refrogné, sur lequel cependant se manifeste encore une certaine arrogance qui semble insulter à la puissance qui vient de le foudroyer ?... Voyez-vous ces yeux sombres et égarés, et ce regard dans lequel je ne sais quoi d'insolent se mêle à je ne sais quoi de funeste? Voyez-vous ces caractères de réprobation qu'une main invisible semble graver sur son front en lettres de sang?... *Hic niger est, hunc tu, Romane, caveto.*

Qu'il rie ou qu'il soit sérieux, le *jacobin - buonapartiste* fait toujours peur. Ecoutez - le parler quelques instants, si toutefois vous pouvez vous y résoudre. Vous vous apercevrez, dès qu'il aura ouvert sa bouche hideuse, qu'il est *immoral* et *impie*; qu'il ne croit ni à Dieu, ni aux vertus, ni à la foi des serments. Il crut autrefois en Robespierre, il croit aujourd'hui en Buonaparte.

Supposez cet homme soustrait à l'œil de la loi, ou plus fort que la loi, rien ne lui sera sacré, le *pillage*, le *meurtre*, et le *viol* seront des jeux pour lui, comme ils le furent pour les prétendus héros qu'il admire, et qu'il a pris pour modèles, car en général on est jaloux d'imiter ceux qu'on aime. Un cœur où le buonapartisme a pu trouver entrée ne peut être qu'un cloaque infect de crimes.

Sa physionomie, au reste, change à son commandement. Son hypocrisie profonde sait se faire un visage pour tous les événements. Sa figure est un théâtre mobile où mille scènes variées se succèdent, se remplacent tour à tour avec une adresse infinie; maintenant par exemple il est *triste et refrogné*, parce qu'il convient à sa politique de s'offrir sous cet extérieur. S'il le fallait, il montrerait de la joie, quoiqu'il ait l'enfer dans le cœur. (C'est ce qu'il fit l'année dernière.)

Mais il a beau se revêtir sans cesse de formes nouvelles ; le cachet distinctif reste toujours.

Toutes les fois que ce sinistre personnage passe auprès d'un honnête homme, le cœur de celui-ci tressaille d'horreur et sort de son assiette naturelle; il lui semble que l'oiseau des *mauvais augures* vient de croasser à son côté gauche, et qu'il lui arrivera quelque malheur dans la journée.

Mais que le cœur se rassure, et que les yeux sont réjouis à l'aspect du Royaliste!.... C'est celui-ci qui reconcilie le vertueux misanthrope avec la nature humaine; c'est celui-ci qui la venge des monstres qui la déshonorent!

Tombez, misérables, tombez à genoux devant ce visage majestueux, toujours serein et toujours calme où sont empreintes toutes les vertus douces et aimables de l'homme vraiment social. Contemplez avec respect ce front, siége éternel d'une franchise, d'une candeur, d'une innocence inaltérables; anéantissez-vous devant ce regard brillant d'une noble clémence qui se fixant sur vous avec une généreuse pitié, vous dit: *J'oublie tout et je vous pardonne*!

Où a-t-il donc puisé cette vertu sublime? Ah! faut-il le demander?... Le testament de Louis Seize est ici entre les mains de tout le monde; nos enfants le savent par cœur.

Le testament du fils de Marie; le testament du Roi-Martyr!... Voilà nos codes; voilà toute notre philosophie; — philosophie à laquelle nous avons été toujours fidèles, comme le lecteur pourra le voir dans le cours de cet ouvrage.

J'aborde la matière, je divise mon plan en deux parties; dans la première j'examine St-Gilles depuis la mort de Louis Seize, jusqu'au moment où a éclaté le dernier attentat de l'usurpateur, c'est-à-dire, jusqu'au mois de mars 1815.

Je l'examine ensuite depuis le mois de mars jusqu'à ce jour.

Je passe rapidement sur le premier examen; j'appuie davantage sur le second. Si quelqu'un trouvait mes longueurs insipides, et m'en faisait un reproche, je lui dirais : « Pour-» quoi lisiez-vous un ouvrage qui n'est » pas fait pour vous ? »

L

LE ROYALISME
COMME IL DOIT ÊTRE,
OU
LE MARTYRE ET LE TRIOMPHE
DES ST-GILLOIS.

PREMIÈRE PARTIE.

LE fils de Saint-Louis, après avoir consommé sur l'*autel de l'échafaud*, le plus grand, le plus auguste, le plus glorieux, mais aussi le plus douloureux sacrifice dont jamais Roi ait donné le spectacle au monde, avait fait son ascension au ciel, en laissant dans une opprobre ineffaçable la terre des régicides ; les débris du trône et de l'autel flottaient épars dans un déluge de sang; les institutions sociales étaient bouleversées ; les principes éternels du *beau* et de l'*honnête* étaient anéantis. L'impiété couvrait de ses ailes hideuses la face de ma patrie. Le souffle empesté de l'athéïsme avait tari les sources de l'imagination, et remplacé l'*infini* où elle aimait à se perdre, par la *mort* et le *néant*. L'ame était flétrie, le cœur desséché ; la France plongée dans un affreux délire n'adorait plus rien, ne croyait plus à rien, ne présentait plus la moindre trace de civilisation et indigne même, dans sa barbarie, des forêts de la Germanie qui furent son berceau, elle avait oublié jusqu'au *Teutatès* qui reçut l'encens de ses pères.

Le temps était venu où l'on tenait registre de nos soupirs les plus secrets, où *parler* et se *taire* étaient deux crimes également punis de mort; les consciences étaient éteintes ; les souvenirs effacés. En s'habituant au silence, l'homme semblait s'être habitué à l'oubli.

La France stupéfaite rampait sous la hache révolutionnaire, et St-Gilles cependant était toujours là, debout et sans tache, au milieu des villes prostituées. La contagion universelle ne l'atteignit point. Les vertus et la religion qui, accompagnées du royalisme en deuil, fuyaient exilées de toute la patrie, trouvèrent avec lui dans St.-Gilles un asile sacré.

Quand l'idole de Baal s'élevait horriblement sur les autels de Sion à la place des images du Dieu crucifié, la piété courageuse autant qu'ingénieuse des habitants de cette petite ville, sut créer partout des temples et des autels pour honorer la Divinité.

Les hideux jacobins qui avaient juré *haine à Dieu*, et foi aux enfers, le même jour qu'ils avaient juré *haine au Roi*, eurent beau les poursuivre, les persécuter, les maltraiter, mettre obstacle de mille manières à l'exercice de leur piété, leur constance et leur fermeté triomphèrent de tout. Ils éludèrent mille fois la cruelle surveillance de leurs vils persécuteurs; et lorsqu'il ne leur fut plus possible de professer, dans des maisons secrètes de leur ville, le culte du christianisme, les St-Gillois passaient le Rhône avec un pasteur bien digne de telles ouailles, et les saints mystères se célébraient dans les plaines de la Provence.

Au milieu des champs s'élevait modestement une petite chapelle, à demi détruite par les années. Temple bien digne de la désolation des temps d'alors, et qui par sa vétusté comme par ses ruines présentait un rapport sublime avec cet *étable* de Bethléem, où l'hostie sans tache s'offrit la première fois pour le salut de la créature, dans une crêche qui fut à la fois le berceau et l'autel du Dieu fait homme.

C'est là que s'immolait entre les mains des ministres du ciel, l'agneau de propitiation et de miséricorde. La nature entière assistait au sacrifice. La *Camargue* était devenue une vaste église dont le soleil était la *lampe ardente.*

Cette église n'appartenait pas exclusivement à la piété des St-Gillois ; des personnes de tout sexe et de tout âge s'y rendaient en foule de tous les villages d'alentour. La plaine en était inondée.

O spectacle touchant ! quand au moment solennel de l'élévation, des milliers de têtes innocentes, qui ne s'étaient jamais courbées sous le joug des régicides, s'inclinaient au milieu des fleurs et de la verdure !....... L'astre du jour éclairait de ses regards amoureux, ce sublime tableau, et souvent à son lever, ses premiers rayons allaient caresser l'hostie brillant dans les airs. Ainsi la lumière grossière et périssable du soleil de la nature, se mariait pendant un instant à la lumière pure et incorruptible de ce soleil incréé qui ne se leva ni ne se couchera jamais.

O Bourbon! quelle prière s'élançant dans ce moment du fond de tous les cœurs, volait pour toi, sur des ailes de flamme, jusqu'aux pieds du trône de *celui qui est* !....

Les méchants voyant avec fureur la religion et le royalisme goûter, en dépit d'eux, un bonheur qui n'était pas fait pour eux, vinrent encore les troubler dans leur dernier refuge, et essayer de le leur ravir.

Un jour qu'après avoir entendu la messe en Camargue, selon leur coutume, les St-Gillois se disposaient à reprendre la route de leurs maisons, un homme dont le nom est *honni* dans notre ville, un jacobin, à la tête de quelques autres réprouvés, se porta sur le Rhône, et s'efforça de faire enlever toutes les barques qui étaient sur le fleuve, pour en empêcher le passage. Mais ses ordres donnés trop tard n'étant pas exécutés, et le Rhône étant repassé malgré lui, on le vit courir après les *fidèles* comme un forcené, tirant sur eux, dit-on, des coups de pistolet, qui heureusement trompèrent sa fureur impie.

Souvent désarmé, jamais vaincu, le St-Gillois professa, faible, l'opinion qu'il avait professée, fort. Le sort de ses voisins, de ses amis qu'on vint souvent prendre à ses côtés, ravir à ses embrassements pour les conduire ou dans les fers ou à la mort, ne l'ébranla point.

Nos amis, nos voisins périrent; notre ville fut épargnée !!!!

Le monde gardera éternellement le douloureux souvenir de ces jours affreux dans lesquels des tigres insatiables de sang, faisaient dresser sur le sein de notre patrie des échafauds par milliers. Alors sous le tranchant d'un instrument d'infernale invention, tombaient à la même heure, au même instant et comme d'un seul coup, autant de têtes humaines, que l'on voit tomber des épis sous les faux de mille moissonneurs répandus au loin dans une vaste campagne. La France entière était devenue une boucherie, une tuerie d'hommes.

Le chef des cannibales qui éprouvait un mortel supplice quand la minute qui s'écoulait n'était pas comptée par une *décollation*, mettait sa barbarie à la torture, afin d'imaginer, à chaque instant, mille nouveaux prétextes pour immoler mille nouvelles victimes ; et quand son imagination était épuisée, plutôt que de souffrir que les mains et l'esprit s'engourdissent dans l'inaction, méchant et cruel gratuitement, il tuait les hommes sans dire et sans savoir pourquoi ; il les tuait pour se désennuyer ; il les tuait pour son plaisir ; car les bains de sang humain étaient délicieux pour lui.

Par un rafinement de cruauté au-delà duquel il n'y a rien, il tuait sans colère et de sang-froid. Ce tigre, uniquement entraîné par son instinct, à jeun ou rassasié, provoqué ou non provoqué, déchirait avec calme et tranquillité, toute proie qui tombait sous sa griffe impitoyable. Les crimes et les vertus montaient pêle-mêle à l'échafaud. Le scélérat venait mourir à la place ensanglantée par le meurtre de l'homme de bien. Son trépas se confondait avec le sien; son sang se mêlait avec le sang du juste !!! (1)

Le brigand, l'assassin, le parricide, frappés de la hache qui venait de frapper l'innocence, dérobaient ainsi à l'avenir, l'ignominie de leur nom,

(1) Si causa peccaudi, in prœsens minùs suppetebat, nihilominùs insontes sicuti sontes, circumvenire, jugulare; scilicet, ne per otium torpescerent manus aut animus, gratuito potiùs malus atque crudelis erat.

(*Sall. Cat.*)

s'illustraient même par cette mort, et volaient à nos yeux trompés, les larmes dues aux martyrs du royalisme.

Le soir quand le soleil, las d'éclairer tant d'horreurs, s'était précipité tout effrayé dans le vaste sein de l'océan, les monstres rassemblés dans leurs tannières, calculaient la somme des victimes et s'en partageaient les dépouilles, le nombre des *guillotinés* ne suffisait jamais à la faim des antropophages; et il résultait toujours de ces horribles calculs que les *proscriptions* étaient doublées le lendemain ! Ainsi la hache ne s'était reposée un instant que pour aller plus vîte ensuite ! — Mais quelle que fût son activité, elle paraissait toujours trop lente à des monstres qui auraient désiré que la nation française n'eût qu'une seule tête pour se donner la volupté de la couper en un instant, et qui après l'avoir dévorée, auraient voulu la voir renaître au milieu du sang, pour la couper et la dévorer encore.

Pendant cet horrible massacre du genre humain, St-Gilles, cette ville vierge, flottait comme un lis éclatant de blancheur, sur un déluge de sang qui l'environnait sans la toucher. — La providence paraissait l'avoir couverte de son égide, et veiller sur elle d'une manière particulière.

Plusieurs de ses enfants languirent sans doute au fond des cachots, mais aucun n'expira sous la hache de Robespierre.

St-Gilles dût aussi ce bonheur en grande partie, à la force unie de ses habitants, les factieux qui s'agitaient dans son sein étaient en trop petit nombre. Ils sentaient leur faiblesse; ils redoutaient notre union; et tremblants pour eux-mêmes, ils ne nous opprimaient qu'autant que nous y consentions.

Que dis-je? Si nous eussions voulu,

il se présenta pendant le cours des vicissitudes de la révolution, plusieurs circonstances dans lesquelles l'extrême supériorité de notre nombre nous eût permis d'être leurs oppresseurs. Une ville de 6000 ames toutes royalistes, n'eût eu besoin que de se lever pour écraser une poignée de jacobins qui lui donnaient des lois.

Il y avait si peu d'ordre, si peu d'ensemble, si peu d'*harmonie* dans leur système de scélératesse !.....

La nation républicaine était ici tellement clair-semée, que pour organiser l'administration de son brigandage, elle eut besoin d'avoir recours à des étrangers, parmi lesquels un misérable prêtre apostat, dont le ciel a fait, il y a long-temps, une terrible justice, fut un de ses bras droits. — Laissons en paix sa cendre.

Bien loin donc de s'étonner de ce que les *misérables* ne répandirent pas notre sang, qu'on se demande pourquoi nous ne répandîmes pas le leur ?... Ah ! c'est que le St-Gillois n'eut jamais la tête échauffée par les maximes de cette *sublime philosophie* qui prêchait aux hommes : « *Entretuez-vous, poignardez vos frères en les embrassant. Tel est le noble usage que le vrai citoyen fait de sa liberté. Couper des têtes est le seul moyen de mettre toute l'humanité de niveau, et de réaliser le beau système de l'égalité. Tuer des hommes n'est point un crime; c'est tout simplement rendre des bêtes au néant.*

Notre ville a toujours mieux connu le prix de la vie de ses semblables, quels qu'ils soient. C'est à la providence qu'elle laissa toujours le soin des vengeances même les plus légitimes. — Les vingt-sept ans de la révolution se sont écoulés, sans que le *royalisme St-Gillois* ait souillé ses mains, je ne dis pas d'un seul meurtre, mais même d'une seule goutte de sang.

Voilà l'exemple que s'énorgueillit d'avoir donné à la terre, une ville de laboureurs et de vignerons ; cela s'appelle, je pense, avoir conservé *l'honneur français* dans toute sa pureté.

Les biens prétendus nationaux se vendirent......

L'écrivain vraiment français, ne se permettra ici aucune réflexion. Il adore en silence la clémence sublime d'un Roi au-dessus de la nature, qui donne aux hommes le spectacle des vertus qui ne sont pas sur la terre. Je ne suis qu'historien, et je ne raconte que des faits.

Acquéreurs des biens nationaux! pourquoi n'aimeriez-vous pas des gens qui ne vous demandent rien et qui vous laissent tout ce que vous leur avez pris? Vous méfieriez-vous de la sincérité de nos bonnes dispositions à votre égard? ou n'oseriez-vous compter sur leur durée?

Soyez à ce sujet sans inquiétude.

A la voix de notre bon Roi, nous oublions que nos biens nous ont été enlevés et nous en faisons un généreux abandon. Nous ne les réclamerons jamais. — Attachés aux fils de Saint Louis dans les temps les plus orageux, nous ne les avons jamais aimés que pour eux-mêmes ; et nous nous sommes sentis toujours plus heureux d'être pauvres avec eux et pour eux, que riches sans eux et contre eux. — Les biens, les richesses, les plus grands trésors ne sont rien aux yeux de ceux qui sont toujours prêts à sacrifier leur vie pour le Monarque légitime.

Nous avons promis de ne pas nous permettre de réflexions. En voici cependant une, que nous ne pouvons nous empêcher de faire, tant elle est naturelle, et tant elle saute aux yeux. Le St-Gillois qui est, pour ainsi dire, laboureur de naissance et par héritage, semble avoir pris dans cette occupation digne des premiers âges du monde, l'amour des propriétés rurales. Il y a je ne sais quelle avarice innocente qui se mêle à l'habitude de cultiver la terre. L'homme des champs aime à entasser grain sur grain comme le financier écu sur écu. Heureuse la France si ses enfants n'avaient connu d'autre avarice que celle-là! nous n'eussions pas vu nos champs engraissés tant de fois du sang de nos citoyens, l'agriculture n'eût pas été avilie et déshonorée. Nos laboureurs, entraînés au milieu des combats, n'eussent pas laissé nos campagnes en friche, et nous n'aurions pas été forcés de transformer nos faux en épées!

.... Non ullus aratro
Dignus honos; squalent abductis arva colonis,
Et curvæ rigidum falces conflantur in ensem!

(Georg. liv. 1.er.)

N'était-il donc pas tout simple, que les St-Gillois, de la classe médiocre, formassent entre eux des *sociétés* et achetassent à frais communs les terres prétendues *nationales* ?

Ils ne le firent point : ils ne songèrent pas même à le faire.

La franchise de leurs moeurs qui ne voyait pas les choses par *replis*, ne trouva dans cet achat ni légitimité, ni délicatesse ; ils se tinrent à l'écart. Il n'eut jamais été possible de résoudre notre peuple à se figurer qu'il pouvait *acquérir* et conserver de telles *propriétés*. — On est si entêté, si opiniâtre, quand on n'est pas *civilisé*. — Cependant des écrivains qui valent plus que moi, ayant fait une étude profonde de *l'homme*, ont reconnu que le peuple, qui juge des choses par *instinct*, a des idées plus saines et plus claires touchant le *vrai* et le *juste*, que l'homme social dont l'esprit est abreuvé de *conceptions libérales*, parce qu'il est plus près de la nature que ce dernier. Est-ce un paradoxe ? Je n'en sais rien, je ne fais pas ici un traité de philosophie. *Ne sutor ultrà crepidam.*

Mais les temps cruels que je parcours, ne nous permettent point d'égayer la matière. Changeons de ton et poursuivons.

Pendant que notre patrie voyait son sein déchiré par les discordes civiles, les fils de Saint Louis, proscrits et sans asile, fuyaient pour se dérober à la hache encore toute fumante du sang de Louis XVI. — Un voile ténébreux s'étendit sur nos yeux et nous déroba leurs destinées. Nous ne sûmes plus bientôt s'ils vivaient encore, ou si nous avions leur mort à pleurer.

Rassasiez de sang ; fatigués d'en répandre, les *partis* sentirent enfin le besoin de se reposer et de se réduire à un rôle passif.

Il parut un homme capable de tout feindre, parce qu'il se jouait de tout ; cet homme vint s'asseoir sur un volcan éteint, il vint régner sur des pas-

sions

sions épuisées ; il musela un peuple stupide sur lequel la révolution venait d'avoir eu le même pouvoir que la *tête de Méduse*; ce peuple cria au miracle ; et baisa la main qui le muselait. — Des flatteurs imbécilles appelèrent cela un *triomphe* , et attribuèrent à cet homme une victoire qui n'était pas la sienne.

Le corse d'abord protège tout ; il rétablit nos institutions et nos lois ; il ressuscite nos souvenirs ; il nous rend un fantôme de ce que nous avons perdu. Sa main sacrilège relève les autels auxquels il ne croit pas. Quelques actes d'une fausse grandeur , quelques singeries de clémence font d'abord illusion et exaltent les esprits d'un troupeau d'esclaves. L'espoir de voir le retour des Bourbons se réveille dans nos cœurs éperdus ; on commence à dire que Buonaparte rétablira cette auguste famille sur le trône de ses ancêtres. Ce bruit vôle bientôt de bouche en bouche. Le tyran est trop rusé pour le détruire, il le fait accréditer lui-même par des voies mystérieuses........ St-Gilles croit un moment au grand homme. Pleins de douces espérances ses enfants s'élancent sous les drapeaux du consul qui veut, dit-on, nous rendre un *Roi* et une *Patrie*.....

Mais quand cet homme, quand ce monstre couvrant sa scélératesse des profondeurs d'une politique astucieuse et perfide, exile Moreau, étrangle Pichegru, assassine un fils du grand Condé, et fait servir le cadavre sanglant de cet auguste prince, de degré pour monter sur le trône du Roi de France; quand il traîne dans les fers le pontife sacré, l'abreuve d'outrages et lui fait souffrir une *passion* d'autant plus douloureuse, qu'il ne lui permet pas de mourir; quand nous le voyons moissonner tous les ans la fleur de la jeunesse française, et disperser les innombrables phalanges de la patrie dans tous les états de l'Europe qu'il veut peupler, au mépris de ce qu'il y a de plus saint et de plus légitime, de Rois et de Reines tirés de sa famille hideuse, couverte naguères des haillons de la misère; quand nous le voyons enfin traîner insolemment à son char les Rois des nations détruites !..... effrayés, consternés, nous nous écrions : « quel homme, grand Dieu !!!! » Nous reconnaissons alors le fléau des vengeances célestes. Dès ce moment le *puits de l'aybme* est ouvert; la divinité a tourné le dos à la France et a répandu sur le sein de la nouvelle Babylone, les sept coupes de sa colère.

St-Gilles, plongé dans une morne stupeur, adore alors les décrets de la justice divine, ronge son frein et se tait.

Cependant la France avilie se roule aux pieds de l'idole. Ses mains et sa voix sacrilèges lui prodiguent lâchement l'encens et les cantiques; les mères vont lui offrir le *premier né* de leurs entrailles; les générations lui sont immolées; le char du moderne Attila roule sur des monceaux de morts.

Pour nous soustraire à la loi dévorante de l'infernale conscription, nous faisons de vains efforts; on ne nous conduit point, on nous traîne enchaînés comme de misérables brutes sous les étendards meurtriers de la tyrannie, (1) pour servir de soutien et souvent de victime aux fureurs de celui qui se nomme notre maître.

Notre maître, grand Dieu!!! Eh! sur quoi se fonde enfin la légitimité de cette monstrueuse puissance?.. Hérite-t-on de ceux qu'on assassine? est-ce

---

(1) Si *se battre* pour Buonaparte eût été *se battre* pour la patrie, aurait-on eu besoin de forcer des Français à *se battre*? Quinze siècles de notre gloire se lèvent pour nous répondre.

en rappelant à un peuple les plaies qu'on lui a faites, les pleurs qu'on lui a causés, le sang qu'on lui a ôté, qu'on lui prouve qu'on a le droit de régner sur lui? Ce droit se fonde-t-il sur les tombeaux dont on a su peupler une terre infortunée?.. Le dernier des brigands, s'il est heureux, deviendra donc un souverain légitime!

Mais enfin le colosse aux pieds d'argîle commence à chanceler. — Le tyran va tomber et être écrasé sous la masse de sa gigantesque grandeur. — Sa fureur l'emporte au milieu des glaces du nord; il poursuit les nations et les pousse jusqu'au pôle. Elles s'y pressent et s'y entassent; mais bientôt ces innombrables phalanges comprimées jusqu'au bout du monde, se débordent comme mille torrents impétueux, dont une digue aurait long-temps retenu captifs les flots irrités, se précipitent sur l'armée du tyran et l'engloutissent. —

L'incendie de Moscou n'a été que l'éclair avant-coureur de la foudre qui frappe et pulvérise enfin le héros sanguinaire. Disons mieux : cette ville en flammes est le bûcher où la gloire meurtrière du conquérant vient de s'ensevelir et de s'évaporer en fumée.

Tu fuis, lâche, tu fuis !... ton heure est arrivée.

L'Europe entière est, en un clin d'œil, aux portes de la France. Le vaisseau de l'état s'entr'ouvre et fait eau de tous côtés ; la patrie est envahie sur tous les points. L'heure de sa pénible agonie commence, l'empire né des ruines de Rome est sur le point de rentrer dans le néant qui a dévoré Rome elle-même.

Cependant un pressentiment secret nous rassure, et la douce lumière de l'espérance brille à nos yeux sur les bords du précipice. On entend dire de toutes parts, mais à voix basse encore, que l'assassinat du Duc d'Enghien n'a pas épuisé la source du sang des Bourbons ; que plusieurs rejetons précieux de cette illustre famille existent encore ; que deux enfants d'Henri IV ont déjà touché le sol de leur belle France.

Le duc de Berry, le duc d'Angoulême, la fille de Louis XVI ; le comte d'Artois, Louis XVIII, tout cela revient, tout cela semble renaître comme par enchantement. Les proclamations de la famille bien aimée se colportent et circulent de tous côtés en se jouant de la surveillance de la tyrannie. Le St-Gillois, bouche béante, écoute avec avidité ces nouvelles ineffables, auxquelles il n'ose pas encore ajouter foi.

Serait-il vrai ? s'écrie-t-il en se frottant les yeux pour se persuader qu'il ne dort pas. » *Le croirons-nous?.. Hélas? on nous abreuve d'erreurs depuis 25 ans.... Serait-ce un nouveau piège tendu à la foi royale ?*

Il s'informe ; il interroge , on lui répond , et il interroge encore. — Enfin ces bruits charmants se confirment, et on n'en doute plus.

Cependant l'ogre de Corse sentant que sa proie va lui échapper, fait, mais en vain, un dernier effort de rage et de désespoir ; il double, il triple, il décuple les levées d'hommes. Depuis l'adolescent dont le menton est à peine ombragé d'un léger duvet, jusqu'au vieillard prêt à tomber en décrépitude, toutes les vies sont mises à contribution. Mais cette fois-ci la voix de l'hydre se perd dans l'air ; en vain la bête carnassière se bat-elle les flancs ; en vain elle écume et mugit... Tout se hâte d'abandonner le tyran ; le corps de l'état se sépare de lui. Ce n'est plus qu'une tête arrachée du tronc, et qui maintenant ne tient à rien.

Tandis que cette tête s'agite et vomit encore la mort autour d'elle, la jeunesse St-Gilloise sort du sein des marais qui l'avaient mise long-temps à couvert contre les satellites de l'usurpateur, et plaçant désormais son asile dans son courage, elle vient, unie par une noble coalition, donner la première, l'exemple de la sainte et légitime révolte qui doit affranchir la France d'un joug indigne et la replacer sous les lois de son véritable souverain.

Pendant plus de quinze jours elle repousse avec succès l'attaque d'une nombreuse gendarmerie, elle triomphe même de la troupe de ligne. Dans cette glorieuse résistance un de nos citoyens reçoit de la part des ennemis un coup de feu qui l'envoie aux portes du trépas. Mais nos enfants toujours dignes de leur ville natale, ont le secret d'être les vainqueurs sans s'être rendus coupables d'aucun meurtre.

Dans ce moment de crise, M. le

baron de Calvière, alors maire de St-Gilles, était absent par un bien pénible motif: il recevait les derniers embrassements d'un beau-frère expirant dont les yeux se fermèrent, hélas! la veille du bonheur de la France dont il n'entrevit que l'aurore.

Mais il était dignement représenté par un homme bien fait pour nous dédommager de son absence.

Vrai franc, sans détour, essentiellement bon et serviable, doué d'une *rudesse* de caractère que quelques-uns prennent pour de la *hauteur*, mais qui n'est qu'une manière à lui d'exprimer sa bonté, M. Dugas est éminemment St-Gillois, il fut et il est toujours l'ami et le père du peuple, et la cause de ses enfants est toujours la sienne.

Voilà l'homme qui s'associant par sa tendresse paternelle, au sort d'une jeunesse persécutée, favorisa secrètement son généreux élan, et qui éludant par des temporisations sages, l'exécution des décrets du tyran, aida notre salut et notre délivrance.

Vive le Roi !!!

Cri de joie ! cri d'amour ! cri délicieux ! cri qui réveille tous les sentiments de bonheur ! cri qui fait frémir les traîtres, comme au cri de *Vive Dieu*, les habitants de l'enfer tremblent, s'agittent et poussent des rugissements de fureur et de désespoir ! cri qui fait revivre dans l'âme quinze siècles des plus beaux souvenirs !... *Vive le Roi !*... cri de gloire ! cri sauveur ! cri rédempteur !... Qui me donnera une langue de Séraphin, une plume de flamme pour peindre fidellement ces transports, cette ivresse, ce délire qui saisirent et absorbèrent le cœur du St-Gilloïs, lorsqu'après tant de temps de larmes, de deuil et de proscription, il lui fut permis de pousser hautement et sans crainte ce cri immortel ! lorsqu'on entendit proclamer le retour de Louis XVIII au trône de ses pères ; comment dirai-je ces épanchements ineffables d'un sentiment trop long-temps comprimé ; ces cris et ces pleurs, débordement délicieux d'une ivresse à laquelle toute l'ame ne pouvait suffire. Comment peindrai-je ces cris étouffés d'une félicité suprême qui accable ; ces enchantements, ces extases, ces spasmes ineffables par lesquels le cœur annonce qu'il va se dissoudre, trop faible pour supporter tant de délices?

Nous crûmes avoir tout d'un coup, rajeuni de 25 ans. Nous franchîmes d'un trait le règne de Buonaparte et de Robespierre ; nous nous retrouvâmes aux beaux jours de dynastie vraiment française ; nous touchâmes cette auguste chaîne fière de quinze siècles de durée, et nous n'apperçûmes plus l'horrible secousse qui l'avait interrompue : il nous sembla voir le règne de Louis XVIII suivre immédiatement et tout naturellement celui de ses aïeux. L'ivresse de notre bonheur ne nous laissa voir que cela !... Tout le reste fut oublié !!!

Que de danses ! que de festins ! que de jeux ! que d'ingénieux emblêmes pour manifester en mille manières notre amour passionné pour les fils de Saint Louis !!!

Le peuple consacra les premiers élans de sa joie en rendant un hommage solennel aux hommes qui pendant la tempête nous avaient servi de phares contre les écueils : on éleva devant leurs maisons des arcs de triomphe, ornés d'inscriptions où se peignaient avec délicatesse et sensibilité, toute la reconnaissance et tout l'amour que de bons *clients* peuvent avoir pour de bons *patrons*. Nous en citerons quelques-unes, espérant que les lecteurs ne nous en sauront pas mauvais gré.

A Monsieur le Baron DE CALVIÈRE, *Chevalier de Saint Louis, maire de St-Gilles.*

Noble par tes vertus, noble par ta naissance;
A ton illustre sang, ce jour rend tout son prix;
Ce jour passe notre espérance.
Ton éclat va renaître avec celui des lis,
Et ton nom se rattache au destin des *Louis*;

A Monsieur DUGAS, 1.er *adjoint.*

Quand nous portions des fers *DUGAS* nous les dora,
Dugas sentit nos maux, Dugas les partagea;
Combien nous devons à cet homme!
Saint-Gilles l'aime comme, à Rome,
Le peuple aimait *Publicola.*

A Monsieur ROQUELAIN, *juge de paix.*

Ami de la justice et de la vérité,
Dans ce jour de félicité,
Accepte de notre tendresse,
L'olivier, pacifique enfant de la sagesse;
Cet arbre est ta propriété.

A Monsieur DE BEAULIEU.

(Cette inscription était attachée à une couronne.)

« Beaulieu, reçois cette couronne
» Que nos cœurs viennent t'apporter :
» Il est bien doux de l'accepter,
» Quand notre pays nous la donne.

Lecteurs, rappellez-vous le proverbe : *Vox populi*, *vox Dei*; rappellez-vous aussi cette pensée de l'historien philosophe : *Haud semper errat fama ; aliquando et elegit* ; (TACITE, *vie d'Agr.*) —Et inclinez-vous avec respect devant ces quatre hommes.

Témoins de la fête de nos cœurs, les *sans - culottes - napoléonistes* de Saint-Gilles, engeance à qui la feinte et la dissimulation ne coûtent rien (1), cachant sous le faux extérieur du

---

(1) Animus audax, subdolus, varius, cujuslibet rei simulator ac dissimulator. (SALL. Cat.) Voilà le portrait du Catilina moderne. Tel maître, tels valets.

contentement, la rage qui les dévorait au dedans, exprimant sur leurs lèvres un sinistre sourire, quand l'enfer était dans leur ame, parurent prendre part à l'alégresse générale.

C'est ainsi que les exhalaisons empestées du marais de l'Averne, font éclore sur ses bords quelques fleurs pâles et ternes, flétries même en naissant.

Ces têtes qui s'étaient jadis coiffées avec tant d'impudence du bonnet de la liberté, osèrent, décorés de la cocarde blanche, parés de nos couleurs et de nos livrées, se mêler aux jeux des vertus et de l'innocence.

Touchés du sublime exemple du souverain pasteur de la France, nous ne repoussâmes pas ces brebis galeuses; persuadés que le vrai royaliste n'existait point sans le vrai chrétien, nous les honorâmes de notre pitié plutôt que de notre mépris; nous crûmes aux démonstrations perfides de leur amendement ; nous leur tendîmes généreusement la main et nous les admîmes dans le troupeau choisi, en leur disant affectueusement : « Tout » est oublié !.. Souvenons-nous seu» lement que nous sommes désormais » appelés à paître ensemble sous la » houlette du même berger. »

Nous fîmes sans-doute, alors une grande faute de donner quelque confiance au repentir d'une race incorrigible ; mais cette faute est trop belle et nous honore trop pour que nous puissions nous la reprocher.

Cependant, fatigués bientôt de se contraindre et de violenter leur naturel, ils redevinrent entièrement eux-mêmes, dès le moment où ils comprirent qu'ils pouvaient être ouvertement *eux-mêmes*, sans danger.

Depuis la première restauration du trône en 1814, nous avons soigneusement étudié la conduite des buonapartistes de notre ville, et cette étude nous a fourni ample matière aux réflexions. Que le lecteur nous écoute et les juge. Peut-être reconnaîtra-t-il avec nous que le souverain de l'Ile-d'Elbe, qui avait su, en quittant la France, se conserver l'attachement de la canaille et poster sur tous les points ses agents secrets, comptait des valets dans St-Gilles comme ailleurs.

Quand ils virent que l'inépuisable clémence du Roi jetant un voile sur le passé, avait maintenu dans leurs dignités la plupart des créatures de Buonaparte (1), on les entendit dire

---

(1) «On est souvent dans la nécessité de se » servir des méchants. Dans une nation agitée et » en désordre, on trouve souvent des gens injustes » et artificieux qui sont déjà en autorité : ils » ont des emplois importants qu'on ne peut leur » ôter ; ils ont acquis la confiance de certaines » personnes puissantes qu'on a besoin de ména- » ger ; il faut les ménager eux-mêmes, ces » hommes scélérats, parce qu'on les craint et

tout haut qu'ils *avaient gain de cause.*

Afin de fêter par anticipation un triomphe qu'ils voyaient à dix mois de là, tous les jeudis, se réunissant, ils célébraient des *orgies* dans une auberge qui leur était dévouée et qu'en mémoire de ces réunions le peuple appelle aujourd'hui, avec mépris, l'Ile-d'*Elbe.*

Les convives savaient parfaitement se bien choisir; et certes jamais un

---

» qu'ils peuvent tout bouleverser. Il faut bien » s'en servir pour un temps, mais il faut aussi » avoir en vue de les rendre peu à peu inutiles. »

(FÉNÉLON, Tél., liv. 10.)

Voilà comment dût raisonner le plus sage des Rois, en venant s'asseoir sur un volcan déjà trop fameux par ses désastreux ravages, volcan toujours ardent qu'il était alors impossible d'éteindre, dangereux de comprimer, difficile de contenir, et qui au moindre souffle était toujours prêt à briser ses arsenaux et à renouveler ses funestes dévastations.

royaliste n'importuna de sa présence leurs *festins libéraux*.

S'il est permis de jeter un œil scrutateur sur les mystères de ces assemblées qui n'étaient pas, je pense, aussi sacrés que ceux de la *bonne Déesse*, nous nous figurons que sans doute dans ces doux moments où, grâces au merveilleux effet du vin, les cœurs s'épanchent et se montrent à nud, on ne manquait pas de faire tour-à-tour le parégyrique du grand homme, et de porter des toasts à son souvenir.

La bonté paternelle de notre souverain, voulant entretenir un commerce d'amour avec le dernier comme avec le premier de ses sujets, avait institué la décoration du Lis ; il avait voulu, par cet auguste signe, faire disparaître toutes les différences parmi eux, les mettre tous de niveau, les ennoblir tous, et reconnaître en un mot tous ses enfants à une seule et même marque.

Pour paraître ainsi que nous les *élus du Roi*, et pouvoir ainsi ourdir leurs trames sans exciter les soupçons ; disons mieux, pour essayer de tourner en dérision ce glorieux emblême, les *Elbistes* eurent le front de s'en décorer.

Ce n'était pas à St-Gilles seulement, mais dans toutes les villes de France qu'on voyait le symbole de la fidélité profané par les traitres. Le royaliste craignant de se voir confondu avec eux, n'osa plus bientôt s'en orner.

Les Buonapartistes se jugeaient donc avec une grande rectitude, lorsqu'ici comme ailleurs, parlant de *la fleur de Lis* avec une irrévérence impie, ils disaient : *Tout le monde porte cela ; c'est trop commun ; tant de personnes ont obtenu cette décoration, qu'elle est tombée dans l'avilissement et dans le mépris.*

Sans doute, si quelque chose pouvait avilir le *don d'un Roi*, ce serait de le voir entre les mains de ceux qui flétrissent tout ce qu'ils touchent. — Oui, nous le dirons avec douleur, *la fleur de lis*, était devenue bien *commune*, puisque les excréments de la nation s'en étaient emparés. Que de fois le révolutionnaire, revêtu par hasard d'un habit qu'il portait sous Robespierre, plaça la fleur de lis à l'endroit même où se trouvait encore mal effacée une tache du sang de quelqu'une de ses victimes ! quel affreux contraste !

Ce n'était pas seulement dans ses conciliabules cachés, que les buonapartistes de St-Gilles se livraient à leurs sentiments *anti-royaux*; c'était même en présence du royaliste, qu'il leur arrivait souvent de dire leur *pensée*. Que de fois en public, n'émirent-ils point des opinions licencieuses sur le gouvernement du plus sage des Rois? Que de fois notre oreille ne fut-elle pas importunée de ces propos à double sens derrière l'équivoque et l'ambiguité desquels ceux qui veulent tromper cherchent d'ordinaire à se cacher. Combien de paroles qui leur échappèrent dans des moments où ils s'observaient mal, et ne veillaient pas sur eux-mêmes, auraient été pour nous des traits de lumière?... Mais la bonne foi confiante s'endort sur le piége qu'on lui tend et ne le voit qu'après-coup.

Sæpè malum hoc nobis, si mens non læva fuisset,

. . . .

Sæpè sinistra cavâ prædixit ab illice cornix.

(*VIRG. Eglo.*)

Dans le mois d'octobre 1814, je voulus reprendre charitablement un de ces méprisables individus, de l'indécence de ses discours contre les Bourbons; « Si vous ne savez pas » que je suis buonapartiste, je suis » charmé de vous l'apprendre, » me dit-il, en fronçant le sourcil, et faisant une grimace qui effraya douze personnes qui l'entendirent.

Des gens qui parlaient avec cette assurance, s'ils ne nourrissaient pas des desseins, nourrissaient au moins des grands pressentiments.

Bientôt les chuchoteries et les entretiens à demi-voix, signes avant-coureurs des trahisons, commencèrent à prendre un caractèrent alarmant (1).

..... « *Sub noctem susurri*
Compositâ repetuntur horâ. »

L'horison se rembrunit, un coup de foudre éclata, et l'Europe fut ébranlée.

Dix mois s'étaient écoulés d'un règne à jamais unique dans l'histoire du monde, d'un règne qui réalisa à la lettre la fable de l'âge d'or; d'un règne hélas! trop court, parce qu'il était trop parfait!.... Tout-à-coup un cri de douleur se fait entendre!

(1) Quand les Buonapartistes se saluent avec mystère et se parlent à l'oreille, nous sommes à la veille d'un grand malheur. — Royalistes, guidez-vous sur ce thermomètre.

Buonaparte

Buonaparte a violé la France une seconde fois ! il est-là !!!

Si St-Gilles eût été la première ville de la patrie, souillée de l'aspect du brigand de Corse, j'en jure par ce *royalisme* qui bout dans nos veines depuis le jour où Saint Louis consacra nos murs par son passage, ici aurait avorté cette criminelle entreprise ; le monstre ne fût pas allé plus loin. — Au premier bruit de son attentat, l'hymne de la joie cessa de retentir parmi nous, et ce chant d'une indignation prophétique, s'élançant du sein de St-Gilles, alla saluer le tyran :

Dans une terre encor de tes forfaits couverte,
Insensé ! tu reviens, tu cherches notre perte !....
C'est toi qui te perdras.
Avec toi périront tous ces suppôts infames,
Infernaux instruments de tes horribles trames,
De tes assassinats.
Et ne te berces point de la folle pensée
Que ta fureur ici sera récompensée
De la mort des héros :

Ton sang profanerait le fer de nos Alcides,
Le trépas d'un brigand, lâche autant que perfide,
N'appartient qu'aux bourreaux.

Avant d'avoir été appelés (tant étaient lents les mouvements du préfet Roland), les braves Saint-Gillois coururent en foule à la mairie pour demander des armes et l'ordre de partir ; pas un d'entr'eux ne songea à se prévaloir ou de son âge, ou de ses infirmités. — Que dis-je ! on mit à cacher les *motifs d'exemption*, le même soin qu'on mettait autrefois à les montrer, quand on en avait, ou à les feindre quand on n'en avait pas. On employa mille stratagêmes pour prouver qu'on avait un corps sans défaut ; tous voulaient se bien porter et être déclarés valides ; aucun ne pouvait digérer l'affront d'être refusé, le myope s'obstinait à soutenir qu'il avait bonne vue ; le boiteux voulait *marcher droit* à toute force. — Les soldats qui avaient été criblés de blessures dans les champs glacés de la Russie, se présentaient debout, en armes, et le sac sur le dos, entonnant l'hymne de guerre dont le refrain était : *Partons, vainquons ou mourons !*

L'ardeur de servir le Roi avait tout cicatrisé, tout guéri, tout rajeuni.

Nos femmes, nos enfants, nos biens les plus précieux n'étaient plus que notre dernière pensée ; nos épouses elles-mêmes devenues héroïquement insensibles aux charmes du lien conjugal, applaudissaient au courage et se félicitaient d'avoir uni leurs destinées à des hommes dignes de mourir pour le *Roi* et pour la *patrie.*

Femmes charmantes, parmi lesquelles je m'énorgueillis de compter la mienne, recevez ici l'hommage et le tribut d'admiration qui vous sont dûs ! Vous n'avez point dégénéré, et vous ne le cédez nullement en vertu à ces femmes vraiment fortes qui allaient jusqu'au milieu des bataillons hérissés de piques et de dards, exciter leurs époux et leurs fils à combattre et à vaincre ; applaudir à leurs triomphes, relever leur courage dans la défaite, compter leurs plaies, les sucer avec une intrépidité au-dessus de la nature, et qu'elles puisaient comme vous dans l'amour de la patrie; être en un mot les témoins et les juges les plus redoutables et les plus saints de leur gloire comme de leur honte (1).

Les magistrats de notre ville, ne pensant pas qu'il fût prudent de la dépeupler entièrement, et sentant le besoin de lui conserver en cas d'attaque un nombre suffisant de défenseurs, prirent l'élite de notre jeunesse

(1) Hi cuique sanctissimi testes, hi maximi laudatores. Ad matres ad conjuges vulnera ferunt : nec illæ numerare aut exsugere plagas pavent. (Tacite, m. d. G.)

et en firent une compagnie de cent six hommes aussi *beaux que bons* (1).

Mr de Beaulieu, qui est l'*homme de confiance* des habitants de St-Gilles, qui leur servit toujours de conseil et d'exemple, et qui pour les exciter à bien faire, n'eut jamais besoin que de leur dire : *ressemblez-moi* : M. de Beaulieu se met à leur tête. Il ne voit pas qu'il délaisse une femme et cinq enfants en bas âge qui n'ont d'autre ressource que lui. Il n'examine pas comment ils pourront subsister en son absence. Il est accoutumé aux sacrifices depuis long-temps. L'amour des Bourbons lui a fait perdre toute sa fortune sous Robespierre; ce même amour inextinguible en lui l'anime et l'enflamme maintenant plus que jamais; il se sent trop heureux de pouvoir lui immoler sa

---

(1) Mot consacré par la bouche de S. A. R. Mgr. Duc d'Angoulême.

vie. Ce généreux royaliste ne voit que le *Roi* et la patrie. Le noble enthousiasme dont le remplissent ces deux objets, suspend en lui le cours des plus tendres et des plus saintes affections de la nature.

Je devrais ici placer le tableau nominatif des St-Gillois, qui allèrent se ranger sous les drapeaux de l'illustre prince, mais ils n'en ont pas besoin; se dévouer pour le Roi et la patrie, n'est pas chez le vrai Français quelque chose de bien extraordinaire, ce n'est qu'un devoir simple et naturel.

Pendant que LOUIS-ANTOINE de France, sentant bouillonner dans ses nobles veines le sang de St Louis et d'Henri IV, toujours à la tête de son armée, immortalisait les bords de l'Isère par des journées dignes du vainqueur d'Arques et d'Ivry, les torches de la discorde et de la révolte s'allumèrent, et les Buonapartistes de la ville de Nismes, aidés de quelques soldats de ligne, corrompus par leur argent, par leur vin, et s'il faut le croire, par les appas de leurs femmes, consommèrent la plus infame trahison dont on ait jamais entendu parler, et arborèrent le *drapeau tricolore*. Hélas! qui pouvait les en empêcher? Tous les royalistes du Gard avaient suivi le Prince.

Je ne parlerai pas ici de la fermeté héroïque que déploya le brave général de Briche; tout le monde s'en souvient: de si beaux exemples ne s'oublient pas. Un tel homme appartient à l'histoire.

Environné de piéges innombrables, rencontrant à chaque pas de nouveaux écueils, découvrant à chaque instant des défections et des trahisons nouvelles, S. A. R., après avoir lutté contre les dangers avec un héroïsme sans exemple, voulant épargner le sang français aux dépens de sa propre liberté, aux dépens même de sa propre vie, annonça à sa troupe fidèle *qu'il fallait capituler.* A ce mot, un long gémissement se fit entendre ; la valeur trompée frémit et répandit des larmes, comme une lionne au moment où elle se voit enlever sa proie la plus chère..... *Capituler !..... Non, non, mais mourir,..... mourir pour notre Prince,..... pour les Bourbons,... pour notre Roi !.....* Tels furent les cris étouffés qui se prolongèrent d'abord dans tous les rangs. — Mais quand le héros du midi eut bien montré les tristes horreurs d'une guerre civile ;

Ou la mort des vaincus affaiblit les vainqueurs,
Ou le plus beau triomphe est arrosé de pleurs.

(CORNEILLE.)

quand il leur eut fait sentir que d'ailleurs le vrai courage ne consistait pas à mourir d'une mort stérile, mais à vivre pour vaincre, tant que l'espoir de vaincre n'était pas perdu ; que ce serait même une lâcheté de sacrifier sans fruit des jours précieux qui étaient destinés à préparer le triomphe de la France dans des meilleurs temps ; alors les volontaires royaux cédèrent, et le Prince capitula avec le chef des traitres.

On ne peut sans frémir se rappeler ce qu'eurent à souffrir dès-lors les volontaires royaux, appellés *Miquélets* par la race infidèle, nom qui leur fut donné pour les flétrir et qui les a rendus immortels.

Désarmés, dépouillés de tout jusqu'à la chemise, ensanglantés et meurtris de coups, ils se dispersèrent dans les champs et dans les forêts en poussant des cris plaintifs, comme des agneaux infortunés, lorsque des tigres impitoyables ont traîné dans leur horrible tannière le berger qui était leur amour et leur unique espoir.

Trop heureux si, par tant de maux, ils avaient assouvi la rage de leurs persécuteurs, et s'il leur eût été permis de les aller oublier dans le sein de leurs familles ! Mais à peine eurent-ils revu le toit paternel, à peine eurent-ils couvert de leurs embrassements et de leurs larmes, leurs parents accablés au même instant de joie et de désolation, qu'ils se virent obligés de s'arracher de leurs bras et d'aller dans les antres des forêts chercher auprès des bêtes féroces un asile et une surêté qu'ils ne trouvaient plus parmi des hommes plus féroces qu'elles !

Combien même y en eut-il qui furent *assassinés* avant de rentrer dans leur lieu natal, et qui ne rendirent pas le dernier soupir dans les bras de leur père et de leur mère !... Mais tirons le rideau sur cet affreux tableau, pour en montrer un plus affreux encore.

M. de St-Hilaire à qui un boulet de canon venait d'emporter un bras, voyant son fils qui se lamentait sur sa blessure, lui montra le corps de Turenne que le même boulet avait tué, en lui disant : « Taisez-vous, mon fils, ce n'est pas moi ; c'est ce grand homme qu'il faut pleurer ! » Soyons français comme M. de St-Hilaire.... Les mânes des braves royalistes qui moururent au mois de mars dernier, glorieuses victimes de la fidélité, s'indigneraient d'une seule de nos larmes, d'un seul de nos soupirs donné à leur cendre. Pourquoi les plaindre d'un trépas qui mit à leur gloire le sceau de l'immortalité ? Hélas ! eux-mêmes en expirant ne pleurèrent que sur le sort du plus loyal des princes livré à la merci des assassins du duc d'Enghien ! imitons-les. Voilà les seules larmes qui doivent mouiller ce livre ; les seules qui puissent honorer leur tombe.

L'histoire apprendra à la postérité avec quelle sacrilège impiété fut violé le traité de capitulation. Elle dira comment, au mépris de ce qu'il y a de plus saint, un soldat sans gloire, un soldat né français, osa donner des chaînes à un fils des Rois de France. Un soldat?... Mais non, le traître se dégrada même de ce dernier titre : on doit un autre nom à celui qui vola à un de ses maîtres sa voiture, son argent et ses habits; à celui qui connaissant parfaitement les moyens les plus efficaces de plaire à l'ogre de Corse, dépouilla une auguste victime pour la faire servir à ses horribles festins, au cas que l'antropophage eût encore faim de la chair d'un prince.

Mais on n'a plus faim quand on a peur. Sans doute, Buonaparte, à l'aide de la trahison et de la colère du ciel, était entré dans Paris, porté en triomphe par sa soldatesque. Sans doute, le monstre couvert du sang des générations, s'était impudemment assis une seconde fois sur le trône consacré par le martyre de Louis XVI.

Mais la Capitale, et la France entière (les traîtres ne sont pas Français) ne l'avaient accueilli que par un silence morne et accusateur. — Mais tous les illustres personnages, toutes les grandes têtes avaient laissé là, un aventurier qui était venu visiblement chercher sa perte. Il s'était vu forcé en usurpant les rènes du gouvernement, de s'entourer d'une foule d'esclaves, *eunuques d'honneur*, et avortons de génie. Ne sachant, en un mot, comment faire sa nation, il avait de nouveau remué la fange et en avait fait sortir les *hommes* de la révolution.

Tous les misérables dont la vie n'était qu'un tissu d'actions d'infamie ou de scélératesse, s'étaient, à sa voix, précipités, par bandes, sous ses drapeaux. — Ceux qui étaient accoutumés à alimenter leurs passions et leurs crimes par la dilapidation des biens de la patrie; ceux qui étaient perdus de dettes déshonorantes; ceux qui par leur conduite avaient à redouter le glaive de la loi, ou que la justice avait déjà marqués du sceau ineffaçable de la flétrissure; tous les parricides sacriléges dont la main avait enfoncé le poignard dans le cœur des Rois et des prêtres; tous ceux enfin qui depuis vingt-cinq ans n'avaient cherché et trouvé leur subsistance que dans les parjures, les trahisons, les larmes et le sang des citoyens, s'étaient empressés de prendre l'usurpateur pour point de ralliement, et de venir auprès de lui s'efforcer de noyer leurs forfaits dans un abîme de forfaits nouveaux (1).

(1) Omnium flagitiorum atque facinorum circum se, tanquam stipatorum, catervas habebat. Nam quicumque impudicus, adulter, ganeo, manu, ventre, pene, bona patria laceraverat; quique alienum æs grande conflaverat, quò flagitium aut facinus redimeret; prætereà omnes

En jettant les yeux sur une race si hideuse, dont il n'était même plus que le ridicule mannequin, non-seulement l'ambition de l'ex-empereur était humiliée, mais encore il tremblait sur les suites de son attentat.

Il se reprochait déjà en secret, en se mordant les lèvres, *d'avoir compté sans son hôte*. Il ne voyait guères comment il pourrait se délivrer des mains des successeurs de Robespierre, qui du même poignard dont ils assassinaient leurs ennemis, savaient aussi, au besoin, égorger leurs amis et leurs créatures. Ce n'était pas tout. L'Europe venait de le déclarer brigand à la face du monde, et de

---

undiquè parricidæ, sacrilegi, convicti judiciis aut pro factis judicium timentes; ad hoc, quos manus atque lingua perjurio aut sanguine civili alebat; postremo, omnes quos flagitium, egestas, conscius animus, exagitabat, ii Catilinæ proximi, familiaresque erant. (SALL., Conj. Catil.)

le placer hors des lois et des relations sociales ; et l'Europe en armes était aux frontières : ses innombrables phalanges allaient fondre sur lui.

La conscience que les plus grands forfaits ne peuvent arracher de l'ame ; la conscience qui devient le bourreau de l'homme, quand elle a cessé d'être son consolateur, la conscience déchirait son cœur et ses entrailles. Elle l'assiégeait sans cesse par les fantômes les plus effrayans ; ses yeux égarés ne voyaient plus que des fleuves de larmes, des abymes de sang, des monceaux d'ossements et des tombeaux. Mille pressentiments funestes le poursuivaient, et ne lui laissaient pas un moment de repos. Le glaive de la justice du Ciel brillait et s'agitait continuellement au-dessus de sa tête coupable. Au milieu de tant de trouble et d'agitation, sa politique était aux abois comme ses forces : son esprit flottait incertain entre mille desseins qu'il embrassait, repoussait et embrassait encore (1)..

Ce qu'il sentait en lui bien distinctement et sans incertitude, c'était le besoin de vivre. Ce besoin l'occupait infiniment plus que toute autre autre chose..... Il lui eût tout sacrifié; il lui sacrifia sa rage, et ce besoin fut en effet le seul motif qui l'engagea à ordonner qu'on rendît la liberté à un Bourbon. Voilà pourquoi l'auguste prince ne partagea pas le sort du fils du grand Condé.

Délivré des mains qui n'étaient pas dignes de le toucher, l'époux de la fille de Louis XVI trompa, protégé de l'égide de la providence, la fureur

---

(1) ... Animus impurus, diis hominibusque infestus, neque vigiliis neque quietibus sedare poterat; ità conscientia mentem excitans vastabat! Igitur color ei exsanguis, fœdi oculi; citus modò, modò tardus incessus; prorsùs in facie vultuque vecordia inerat... (SALL. Cat.)

Quel tableau! et quelle fidélité dans ce tableau!!!

des assassins qui l'attendaient à Nismes, et s'arracha du sol de la patrie !

Ici mon ame épuisée, et accablée d'émotions douloureuses, tombe en défaillance et sent le besoin de se reposer. Elle est effrayée de l'horizon qu'elle apperçoit autour d'elle. De quelque côté qu'elle porte ses regards elle ne voit que du noir. Si mes tableaux sont mélancoliques et ternes, je demande au lecteur une indulgence que je ne réclamerais pas, *ni incursaturus tam sæva et infesta virtutibus tempora.*

FIN DE LA PREMIÈRE PARTIE.

AVIS AU LECTEUR.

La seconde partie de cet ouvrage va paraître. Elle renferme l'histoire de nos souffrances pendant le règne des trois mois. C'est dans ce règne que le St-Gillois développe toute la force et toute la grandeur de son caractère. Le Royalisme au milieu des orages s'y montre encore plus pur et plus ardent : on le voit briller du même éclat dans toutes les classes des habitants. Aussi, allons-nous désormais confondre les rangs et mêler les noms sans distinction. Les *Malbos*, les *Mouret*, les *Gallivau*, les *Estrivier*, figureront dans nos récits à côté des premiers royalistes de St-Gilles, parce que tout est noble dans un lieu où tout aime le Roi.

Ce sera un spectacle sublime, digne de l'attention de la France entière, qu'une petite ville, toujours supérieure à son sort, toujours au-dessus de l'esclavage, rendant hommage hautement à l'Autel et au Trône, proclamant *Dieu* et le *Roi*, à la face des *athées* et des *régicides*, et envisageant de sang-froid les baïonnetes des satellites du tyran appuyées contre son sein.

Parmi les auteurs d'une foule de beaux exemples, que nous aurons à raconter, on distinguera MM. de Beaulieu, capitaine des Volontaires-Royaux; Meyrieu, médecin, conseiller municipal, et Lahondés, commissaire de police; placés, comme un rempart, entre les brigands et nous, luttant avec courage contre l'influence du mal, et sauvant plusieurs fois St-Gilles par des tempéraments aussi heureux que sages.

Le lecteur trouvera dans ce petit *drame* un mélange de plaisir et de douleur, et tandis que le tableau d'un Royalisme à toute épreuve, lui fera goûter une jouissance délicieuse, les succès passagers du crime furieux viendront affliger ses yeux et déchirer son cœur. Il ne pourra s'empêcher de rendre un pénible tribut de larmes aux Royalistes Dugas, Amédée de Cabrières, Rocquelain et Couderc, désignés aux poignards des assassins. Fugitifs, errants, forcés de chercher des asiles dans les marais de la *Camargue ;* ne rentrant dans leurs propres maisons que de nuit, pour jouir un instant, à la dérobée, des embrassements de leurs épouses et de leurs enfants !

Une des plus nobles et des plus touchantes victimes, sera M. Baron, magistrat respectable, ami de Dieu, ami des Bourbons, ami de toutes les vertus; indignement traîné dans les prisons, avalant jusqu'à la lie, le calice des outrages, et ne recouvrant la liberté, que pour perdre un bien peut-être plus précieux qu'elle : *la jouissance du soleil de son pays*, qu'il ne lui a été permis de revoir qu'au retour de Louis XVIII! (1).

Dans ces jours de terreur dont frémira l'histoire,
BARON, tu méritas de souffrir pour ton Roi.
Que de maux les méchants ont fait peser sur toi !!!
Ils voulaient te flétrir ; ils t'ont chargé de gloire.
De tes vertus long-temps durera la mémoire.
Ton pays s'en énorgueillit.
Tu marches sur les pas des *Tronchet*, des *Desèze*,
Et tu sers LOUIS DIX-HUIT,
Comme ils servirent LOUIS SEIZE.

---

(1) M. Couderc a aussi mérité l'honneur d'être *détenu* pour la cause des Bourbons. Nous en parlerons, et nous rendrons à ce Royaliste la justice qui lui est due.

www.ingramcontent.com/pod-product-compliance
Lightning Source LLC
LaVergne TN
LVHW020355230826
846091LV00003B/1111

9782013356015